hänssler

Die Saat des Hasses

Juden und Israel in den arabischen Medien

zusammengestellt
von Gal Ben-Ari

Gal Ben-Ari, Jahrgang 1962, geboren in Israel, lebt heute teilweise in Deutschland und teilweise in Israel. Von Beruf Rechtsanwalt. Außerdem hat er arabische Sprache und Literatur sowie Geschichte des Nahen Ostens an der Hebräischen Universität in Jerusalem studiert.

Quellen

Antisemitische Vorstellungen/Arabischer Antisemitismus und ... (von Abraham H. Foxman)
Mit freundlicher Genehmigung »Anti Defamation League«, USA

Palästinensische Schulbücher
erschienen auf der website www.edume.org, mit freundlicher Genehmigung

hänssler-Taschenbuch
Bestell-Nr. 393.861
ISBN 3-7751-3861-7

© Copyright 2002 by Hänssler Verlag,
D-71087 Holzgerlingen
Internet: www.haenssler.de
E-Mail: info@haenssler.de
Titelfotos: Chris Gerald/AFP
             David Silverman/Newsmakers
Umschlaggestaltung: Ingo C. Riecker
Satz: Vaihinger Satz + Druck
Druck und Bindung: Ebner Ulm
Printed in Germany

Inhalt

Vorwort	7
Zitate aus arabischen Medien	19
Szenen aus dem TV-Unterhaltungsprogramm »Irhabiat«	47
E. Zeev Sufot: Antisemitismus heute	51
Michael Melchior: Der neue Antisemitismus	55
Antisemitische Vorstellungen in den ägyptischen Medien	57
Abraham H. Foxman: Arabischer Antisemitismus und der arabisch-israelische Konflikt	60

Danke

Ich bedanke mich bei:

American-Israeli-Corperated-Enterprise, Maryland,
Herrn Mitchell Bard
Anti Defamation League, Herrn Abraham Foxman
The Center for Monitoring the Impact of Peace
(New York, Jerusalem)
Herrn Friedrich Hänssler
Frau Beate Tumat, Hänssler-Verlag
Rabbiner Michael Melchior, Jerusalem
Herrn Zeev Sufot, Jerusalem

Vorwort

> Die Tragödie des letzten Jahres
> lässt mir keine Ruhe

Oft habe ich mich gefragt, was einen jungen Mann von 22 Jahren mit dem Namen Said Hutari aus der kleinen Stadt Kalkylia dazu bringen konnte, sich inmitten einer großen Gruppe gleichaltriger junger Menschen, die sich an einem warmen Sommerabend am Strand von Tel Aviv elegant gekleidet in den Eingangsbereich einer Diskothek drängten, in die Luft zu sprengen.

Woher kommt dieser abgrundtiefe Hass, habe ich mich gefragt, der einen jungen, am Anfang seines Lebens stehenden Palästinenser dazu bringt, den Todesgürtel mit Sprengstoff, versehen mit Schrauben und Nägeln, an seinem Körper zu befestigen, um damit möglichst viele Jugendliche in Stücke zu reißen?

Ich erinnere mich, wie ich in den herrlichen Cafés von Wilmersdorf und Charlottenburg saß und beobachtete, wie deutsche Jugendliche gut gelaunt an mir vorbeispazierten, Hand in Hand und ohne Angst. Und dabei fragte ich mich, was die Gründe für diesen grausamen Mord sind. Wie kommt es, dass, wenn wir alle nach Gottes Angesicht geschaffen wurden, in diesem Teil der Welt Menschen in Cafés sitzen, ins Sportstudio gehen und SMS-Nachrichten versenden, während in der leidgeprüf-

ten, brodelnden Region des Nahen Ostens junge Menschen die Botschaft des Todes in ihren Herzen tragen?
Ich erinnere mich, wie ich Eltern beim Spazierengehen mit ihren Kindern im Tiergarten oder im Botanischen Garten in Dahlem beobachtet und mich gefragt habe: Was hat den Vater des 22 Jahre alten Said dazu gebracht, vor den Kameras der arabischen Fernsehsender damit zu prahlen, dass, hätte er noch zehn Kinder, auch diese mit seinem Segen junge jüdische Männer und Frauen ins Jenseits befördert würden?

Der Hass ist uns nicht angeboren. Er gehört nicht zu den Anlagen eines Säuglings, ist nicht Teil seines Körpers, seiner Hände, seiner Augen.

Wenn ich deutsche Freunde nach dem Namen jenes verrückten Israelis frage, der im Februar 1994 in der Machpela-Höhle in Hebron muslimische Beter ermordete, können sich viele sofort an diesen Namen erinnern, obwohl seither über sieben Jahre vergangen sind. Doch wenn ich von ihnen den Namen des Palästinensers wissen möchte, der in einem Autobus der Linie 5 in Tel Aviv 25 Menschen umbrachte oder sie nach den Selbstmordattentätern frage, die auf der Linie 18 in Jerusalem 22 Menschen oder eine Woche später auf derselben Strecke 19 Personen in die Luft sprengten, zucken sie mit den Schultern und können die Frage nicht beantworten.

Dieses Phänomen beschränkt sich nicht auf Anschläge, die vor langer Zeit verübt wurden. Weder kennt man den Namen des Terroristen, der ein Attentat vor einigen Monaten vor der Disco »Dolphi« am Strand von Tel Aviv verübte, noch den Namen des Selbstmordattentäters, der vor noch kürzerer Zeit den Anschlag in der Pizzeria in Jerusalem verübt hat. Eigentlich sind den Deutschen die Namen der palästinischen Terroristen nicht bekannt. Da Baruch Goldstein die Ausnahme war – es ist schwer, israelische Terroristen zu finden, die mit Absicht unschuldige palästinensische Bürger umbringen – kann man sich leicht an seinen Namen erinnern. Auf der palästinensischen Seite zieht sich die Liste der Terroristen in die Länge und geht in die Hunderte.

Iz-a-Din Almasri ist der Name des 23 Jahre alten Mannes aus dem Dorf Akbe, der sich in der Pizzeria Sabbaro im Herzen Jerusalems in die Luft sprengte und dabei nicht weniger als 16 Menschen, darunter sieben Kinder, tötete. Allein fünf Mitglieder einer einzigen Familie, Vater, Mutter und drei kleine Kinder, wurden augenblicklich in Stücke gerissen, doch die palästinensische Bevölkerung verurteilte diese furchtbare Bluttat am helllichten Tag nicht.

Ganz im Gegenteil: Hochrangige Vertreter der palästinensischen Öffentlichkeit priesen nachdrücklich das grauenvolle Blutbad. Die Dorfbewohner zogen zu den Eltern des Mörders und brachten ihnen Datteln. Studenten der Al-Nagah-Universität in Nablus – ich wiederhole, Studenten – organisierten in den Mauern der Universität eine besondere Ausstellung. In dieser ging es nicht etwa um moderne Kunst oder um Architektur, sondern um Blut und Mord. Die Studenten in Nablus stellten mit Stolz Photos der zerstückelten Leichen aus und die arabische Welt protestierte nicht gegen diese Szenen des Schreckens.

Verzweifelt dachte ich über all diese Vorkommnisse nach. Langsam glaube ich zu verstehen, woher dieses schreckliche Übel kommt, dieser Hass, der kein Ende nimmt.

Ich erinnerte mich auch an die junge Palästinenserin Mona Awane, 24 Jahre alt, die im Chat zunächst mit einem gutgläubigen israelischen Jungen von 17 Jahren mit dem Namen Ofir Rachum flirtete, um ihn dann an einen geheimen Treffpunkt zu locken und ihn von dort ohne Erbarmen in den sicheren Tod schickte. Mona kannte Ofir überhaupt nicht. Sie wollte einen Juden töten, und Ofir war für sie eine leichte Beute. Wie viele Schichten von Hass sind in dieser beinahe romantischen Geschichte enthalten, die auch völlig anders hätte enden können, hätte nicht ein Vergnügen am Morden von den Herzen so vieler junger Palästinenser Besitz ergriffen.

Ich habe mich auch an einen nicht weniger schockierenden Vorfall erinnert: die Steinigung zweier 14 Jahre alter israelischer Jugendlicher, Kobi Mendel und Yossi Ishran, die auf einem Ausflug in der Nähe ihres Wohnorts Tekoa bei Bethlehem zwei Palästinensern aus der Umgebung in die Hände fielen. Wie hasserfüllt muss ein Mensch sein, so herzlos er auch sein mag, um auf zwei vor Angst und Schrecken weinende und um ihr junges Leben flehende israelische Jugendliche zwei volle Stunden lang in einer entlegenen Höhle in den Bergen mit großen Felsbrocken einzuschlagen, bis der grausame Tod auch sie holte und ihre Leichen nicht mehr identifiziert werden konnten.

Ich fragte mich, wo die Grenzlinie verläuft, jenseits derer andere Gesetze herrschen. Nicht Gesetze, die von Mitleid und Menschlichkeit geprägt sind, sondern vom Bösen, das keine Grenzen kennt. Dies ist die Welt jener, die den Namen Allahs in ihr Schwert eingravieren, in deren Herzen es jedoch keinen Gott gibt.

Israel ist voll von Friedensbewegungen. Es gibt nichts, wonach sich Israelis mehr sehnen als nach Frieden. In jeder Meinungsumfrage bekundet eine überwältigende Mehrheit der Befragten ihren Willen, Frieden und Versöhnung zu erreichen. Doch in der arabischen Welt findet man keine einzige Friedensbewegung. Noch nie wurde in einer Demonstration Frieden und das Ende des Blutvergießens gefordert. Noch nie haben sich Intellektuelle organisiert, um in dieser Richtung Druck auf die Regierungen auszuüben. Aus einer unter den Palästinensern durchgeführten Umfrage geht hervor, dass über 82 % die Gewalt und sogar Terrorakte gegen israelische Bürger unterstützen.

Ich fragte mich dann, ob es Armut und Entbehrung wären, welche zu diesem Hass gegen den Staat Israel führten? Doch die Antwort darauf ist »nein«.

Alle Untersuchungen beweisen, dass die meisten jungen Selbstmordattentäter ein relativ hohes sozioökonomisches Profil aufweisen. »Es handelt sich um normale junge Menschen aus der Mittelschicht ohne wirtschaftliche Probleme«, stellte der in London lebende arabische Psychiater, Professor Mohammed Amir-Ali, fest. Mohammed Atta, einer der Attentäter vom 11. September in New York, absolvierte in Hamburg mit Auszeichnung ein Ingenieurstudium, bevor er seine Todesmission antrat.

Geld war für den saudischen Millionärssohn Osama bin-Laden nie ein Problem, sein Kapital wird auf 300 Millionen US-Dollar geschätzt.

Ich hege keinen Zweifel, dass die psychologische Motivation für diesen flammenden Hass an einem ganz anderen Ort zu suchen ist: in der Erziehung. Durch ein verzweigtes System der Gehirnwäsche soll die junge Generation zum Hass gegenüber dem Feind und zur Verachtung für alle, die nicht ihresgleichen sind, erzogen werden. Es gilt, den Feind zu dämonisieren, zu bekämpfen und zu töten. Das ist der Grund, warum es so schwer ist, gegen den Terror vorzugehen. Seine Strukturen sind nicht in dem einen oder anderen Versteck oder an irgendwelchen entlegenen Orten zu finden. Nein, sie befinden sich in den Köpfen, in den Gedanken und in der Weltanschauung der Menschen.

Die arabischen Kinder im Allgemeinen und die palästinensischen im Besonderen werden von Geburt an dem Judenhass ausgesetzt. Man soll sich vor groben Verallgemeinerungen hüten, da es viele gibt, die anders denken, doch ist es sehr schwer, in einem derart tendenziösen Bildungssystem kein Extremist oder sogar Antisemit zu werden. Solches hört bereits von seinen Eltern haarsträubende Geschichten über den schlechten, »Blut saugenden« Juden. »Die Juden schlachten kleine Kinder in Europa und in Palästina, um mit ihrem Blut Pessachbrot zu backen«, liest ihm die Lehrerin aus den Büchern des arabischen Spezialisten für jüdische Angelegenheiten, Anis Mansour, vor. Dort heißt es auch: »Der Talmud befiehlt ihnen, Brot aus Blut von Nichtjuden zu backen.«

In einem anderen, populären Lehrbuch von Hassan Hanafi heißt es, dass der Koran den Gläubigen verbiete, mit Juden und Christen, die eine Reinkarnation von Schweinen und Affen seien, einen Bund zu schließen.

In der Grundschule wird den Kindern beigebracht, die Juden bis zum Sieg zu bekämpfen. »Ich will die Leber des israelischen Soldaten essen und meine Zähne in sein Fleisch bohren«, lesen sie mit patriotischer Bewunderung in einem Gedicht von Raymonda Tawil, der Mutter von Suha Arafat, der Ehefrau Jassir Arafats. »Verschwindet aus diesem Land«, rezitiert der Schüler, seine Augen vor Stolz weit geöffnet, das Gedicht des renommiertesten aller palästinensischen Dichter, Mahmud Darwisch, »und vergesst nicht, auch eure Toten mitzunehmen«. So groß ist der Hass.

Der Schüler lernt nicht, dass Juden tausende Jahre vor seiner Eroberung durch die Araber im Jahre 635 in diesem Gebiet lebten. Niemand bringt ihm bei, dass dieses leidgeprüfte Land von vielen jüdischen Erinnerungen geprägt ist. In keiner Sprache außer dem Hebräischen haben Namen wie Bethlehem (»Beit Lechem« – das Haus des Brotes), Beit El (»das Haus Gottes«) oder Carmel (»der Weinberg Gottes«) eine Bedeutung.

Er lernt nicht, dass Millionen von Juden in Europa umgebracht wurden, da sie kein eigenes Land hatten. »Der Holocaust ist eine Erfindung der Juden, er hat sich nie ereignet«, wird ihm stattdessen erzählt. Niemand berichtet ihm, dass die Juden, die nach Palästina kamen, Sümpfe trockenlegten, an Malaria starben, Straßen bauten und Fortschritt in einen öden und trostlosen Landstrich brachten. Er lernt nicht, dass die Juden schweren Herzens im November 1947 der Teilung des Landes zustimmten, die Palästinenser den Plan jedoch ablehnten (»alles oder nichts«, sagten sie schon damals) und Zerstörung über den Nahen Osten brachten. Er lernt nicht, dass Israel bis Juli 2000 versucht hat, eine mutige und ehrenhafte Lösung des Konflikts zu erreichen, welche die Existenz beider Völker garantiert, die Palästinenser jedoch wieder »nein« sagten.

Mit solchen Tatsachen kommt ein palästinensisches Kind in der Regel überhaupt nicht in Berührung. In Fernsehprogrammen für Kinder wird diesen gezeigt, wie der heldenhafte Araber den bösen Juden tötet. Begleitet es seinen Vater in die Moschee, hört es, dass Allah befohlen habe, gegen die Juden zu kämpfen und dass sie Lügner seien, denen man nicht trauen dürfe. Wenn ein Kind ein wenig Zeitung lesen kann, wird es antisemitischen Hetzartikeln und blutrünstigen Karikaturen ausgesetzt, die in der übrigen Weltpresse ihresgleichen suchen.

In jeder aufgeklärten Gesellschaft setzen sich die Intellektuellen für Freiheit und Völkerverständigung ein und halten die Fahne der Meinungsfreiheit, der Toleranz und des Friedens hoch. Nicht so in der arabischen Welt. Der arabische Jugendliche weiß, dass die Intellektuellen im ganzen arabischen Raum die größten Gegner einer Normalisierung mit Israel sind. Die Anwaltskammern verbieten ihren Mitgliedern jeden Kontakt mit Israelis. Die Schriftsteller- und Journalistenverbände rufen ihre Mitglieder auf, israelische Fahnen zu verbrennen und beliebte Filmschauspieler preisen mit Nachdruck den ewigen Hass gegen den Judenstaat.

Seit über 20 Jahren besteht formal Frieden zwischen Israel und Ägypten, dem größten und mächtigsten arabischen Staat. Ich frage mich, welche gewaltige Revolution die Avantgarde der Literatur, des Theaters, des Kinos und vor allem der ägyptischen Medien in den Herzen der gesamten arabischen Welt hätte bewirken können, welche mit Bewunderung auf sie blickt. Doch seit zwei Jahrzehnten predigt sie, Israel zu isolieren, zu boykottieren und ruft zum Hass gegen den jüdischen Staat auf. Das ist der größte Verrat, den eine Intelligenz jemals begangen hat, aber noch niemand hat bisher gewagt, dieses Thema offen anzusprechen.

Wenn der palästinensische Schüler im Erdkundeunterricht einen Atlas öffnet, findet er dort den Namen »Israel« nicht. »Die Juden sind kein Volk, sie sind Besatzer, und am Ende erwartet sie die Vertreibung aus dem Land, wenn nicht jetzt, dann in 200 oder tausend Jahren«, erklärt ihm der Geschichtslehrer. Von diesem hört er auch, dass der jüdische Tempel nie auf dem Tempelberg gestanden habe. An Klassenfeiern spielt er jedes Jahr die antijüdische Figur des Shylock aus Shakespeares »Der Kaufmann von Venedig«. Er erhält »Die Protokolle der Weisen von Zion« in flüssiger arabischer Übersetzung zur Lektüre vorgesetzt und gibt sie seinen Freunden weiter. Er verbrennt die blau-weiße israelische Fahne. Wenn Terroristen in einem Supermarkt in Haifa, einem Café in Tel Aviv oder einem mit Frauen und Kindern voll besetzten Bus in Jerusalem Bomben legen, geht er mit seinen

Freunden auf die Straßen, um den »Sieg« zu feiern. Seine Seele ist bereits vergiftet worden. Vielleicht ist er nicht schuldig, doch hat er schon gelernt, Juden zu hassen.

Es wird nicht viel Zeit verstreichen und einige seiner Freunde wie Said Hutari oder Iz A-Din-Almasri werden sich auf den großen Tag vorbereiten, an dem aus ihnen »Märtyrer« werden. Sie werden sich inmitten einer Menge unschuldiger jüdischer Passanten in die Luft sprengen und zum Himmel emporsteigen, wo angeblich 72 schöne Jungfrauen auf sie warten würden, um sie zu bedienen, wie ihnen ihre Auftraggeber versprechen.

Durch Gespräche mit deutschen Freunden wurde mir klar, wie weit diese furchtbare Realität von ihrem Erfahrungshorizont entfernt ist. Der Nahe Osten erscheint in einem ganz anderen Licht, wenn man die dortigen Ereignisse beim Essen eines frischen Mohnkuchens in München oder am Ufer der Binnenalster in Hamburg vernimmt. Als ich versuchte, meinen Freunden Beweise zur strukturellen Gewalt der Palästinenser zu liefern, taten sie meine Äußerungen mit Unglauben ab: »Du sagst, dass ein Sprecher des Ersten Palästinensischen Fernsehkanals zum Mord an Juden aufruft?« Sie lachten mich aus. »Du behauptest, dass der syrische Verteidigungsminister in einem Fernsehinterview jedem Araber vorgeschlagen habe, einen Juden umzubringen, wodurch der Konflikt beendet würde?« Das könne doch nicht sein. Sie aßen ihren Mohnkuchen weiter und weigerten sich, den einfachen Tatsachen ins Auge zu sehen.

Und so entschloss ich mich, einmal die Tatsachen zusammenzutragen – die meisten von ihnen stammen aus dem letzten Jahr – und sie zu präsentieren. Wer sich beharrlich weigert, die Wahrheit zur Kenntnis zu nehmen, und wer in Israel den ewigen Sündenbock sieht, der wird wahrscheinlich eine Menge Ausreden finden, um die hier gesammelten Fakten als Fiktion abzutun oder diese gar zu rechtfertigen. Ich habe in Deutschland nicht wenige Menschen getroffen, die schwer einschlafen können, wenn jemand grünes Glas in einen Container wirft, der für weißes Glas bestimmt ist. Doch wenn Dutzende Israelis bei einem grausamen Bombenattentat sterben, weigern sich dieselben Leute hartnäckig, dies »Terror« zu nennen.

Auch in Deutschland betrachten viele Menschen Israel als die Wurzel allen Übels und zeigen ständig mit dem Finger auf den Judenstaat. Zwar ist es »out«, Antisemit zu sein, jedoch ist es in bestimmten Kreisen sehr wohl »in«, anti-israelisch zu sein.

Das von mir zusammengetragene Material besteht aus Übersetzungen von Medienberichten in der arabischen Originalsprache. In der internationalen Öffentlichkeit, bei Fernsehinterviews, in der deutschen Presse und bei Reden auf Deutsch oder Englisch passen arabische Politiker Sprache und Inhalt dem Ohr des nicht-arabischen Zuhörers an, der in dem Meer des Hasses nach etwas Mäßigung sucht. In arabischer Sprache hört sich das jedoch oft ganz anders an. Hier sagen sie, was sie wirklich denken und formen damit die Meinung der Menschen in ihren Ländern. Damit werden auch die nachfolgenden

Generationen zu Fundamentalismus und blinder Gewalt erzogen. Sie säen in den Herzen die Saat des Hasses.

Gal Ben-Ari,
Berlin, im Dezember 2001

Zitate

Zitate aus arabischen Medien

Komplex I:
Antijudaismus – Ritualmordvorwürfe, Lügen und Aufhetzung gegen Juden

1. »Die Juden sind der Abschaum der menschlichen Rasse.«
Saddam Hussein, Präsident des Irak, *Radio Bagdad*, 9. Juni 2001

2. »Sie (die Juden) versuchen, das Prinzip der Religionen mit derselben Mentalität zu töten, mit der sie Jesus Christus verraten haben, und auf dieselbe Weise versuchten sie auch, den Propheten Mohammed zu verraten und zu töten.«
Bashar Assad, Präsident Syriens, bei der Begrüßungszeremonie für den Papst am 5. Mai 2001, *Radio Damaskus*

3. »Ich möchte auf der Stelle stehen und den Juden umbringen, der mir gegenüber steht. Wenn jeder Araber

einen Juden tötet, werden überhaupt keine Juden mehr übrig bleiben.«
Mustafa Tlas, syrischer Verteidigungsminister, libanesisches Fernsehen *LBC*, 6. Mai 2001

4. »Die Juden können ihre archaische Natur wie den Geiz nicht ablegen (...) Der Jude kann sich mit jeder Sache auseinander setzen, außer mit der Wahrheit.«
Mahmud Salah, Chefredakteur der ägyptischen Zeitung *Akher Saa*, in einem Interview für das ägyptische zweite Fernsehprogramm, 15. August 2001

5. »Die europäischen Staaten vertrieben die Juden als Teil ihrer Bemühungen, den barbarischen, gewalttätigen Handlungen, der Korruption und den Verlockungen ein Ende zu setzen, die von den Juden in Europa ausgingen (...). Die Juden verbreiteten Drogen (...) betrieben Handel mit Prostitution, Sklaven und alkoholischen Getränken.«
Hissam Suwailem, staatliches ägyptisches Wochenmagazin *October*, 17. Juni 2001

Ich will dich tot – das nenne ich Frieden

Al Ahram, Äqypten, 10. August 2001

6. »Habt keine Gnade mit den Juden, egal wo sie sind, egal in welchem Land. Bekämpft sie, wo ihr auch seid. Wenn ihr ihnen begegnet, tötet sie. Wo ihr auch seid, tötet die Juden und Amerikaner, die wie sie sind, und die ihnen beistehen. Sie liegen alle in ein und demselben Schützengraben gegen die Araber und Moslems.«
Dr. Ahmad Abu Halabiya, Mitglied des von der palästinensischen Autonomiebehörde ernannten »Fatwa-Rates« und ehemaliger Rektor der Islamischen Universität in Gaza, **Fernsehen der palästinensischen Autonomiebehörde, 14. Oktober 2000**

7. »Jesus hat die Verbrecher vom Tempel vertrieben (...) wenn Jesus heute leben würde, wäre er auch ein Partner in unserem islamischen Jihad gegen die Juden.«
Scheich Hussein Fadl-Allah, staatliche syrische Zeitung *Tishrin*, **Damaskus, 4. September 2000**

8. »Es ist kein Irrtum, dass der Koran uns vor dem Hass der Juden warnt und sie ganz oben auf die Liste der Feinde des Islams setzt. Heute rekrutieren die Juden die ganze Welt gegen die Muslime und benutzen alle Arten von Waffen.«
Sheikh Hian Al-Adrisi, Auszug aus einer Ansprache in der Al-Aksa-Moschee, 29. September 2000

9. »Juden sind Juden, ob Labour oder Likud, Juden sind Juden. Es gibt keine Gemäßigten oder Anwälte des Friedens unter ihnen. Sie sind alle Lügner. Sie sind diejenigen, die niedergemetzelt und getötet werden müssen. Wie Allah der Allmächtige sagt: »Bekämpft sie.« Allah wird sie durch eure Hände foltern und sie demütigen und euch helfen, sie zu überwinden, und die Seelen der Gläubigen befreien (...) Sie (die Juden) schufen sie (Israel) als Vorposten ihrer Zivilisation – und als Vorhut ihrer Armee und als Schwert des Westens und der Kreuzritter, die über den Köpfen der muslimischen Monotheisten, den Muslimen in diesem Land hängen. Sie wollten, dass die Juden ihre Anführer sind ...«

Dr. Ahmad Abu-Halabiya, Mitglied des »Fatwa-Rates«, in der Moschee Zayd bin Sultan Nahyan in Gaza, 13. Oktober 2000 (am Tag nach dem Lynchmord an zwei israelischen Reservisten in Ramallah, der live im palästinensischen Fernsehen übertragen wurde

Amerikanisches Geld für jüdische Bomben auf Araber

Al Wafd, Ägypten, 29. Februar 2000

10. »Dank Hitler – selig sei sein Angedenken –, der im Namen der Palästinenser im Voraus Rache nahm an den niederträchtigsten Verbrechern dieser Erde. Obwohl wir uns bei ihm beschweren müssten, dass seine Rache an ihnen nicht genug war.«
Kolumnist Ahmad Ragab, *Al-Akhbar,* **18. April 2001. Die staatliche Zeitung** *Al-Akhbar* **ist die zweitgrößte Zeitung Ägyptens.**

11. »Im Talmud heißt es, dass ein Jude, wenn er nicht jedes Jahr das Blut eines nicht-jüdischen Mannes trinkt, auf ewig verdammt sein wird.«
Marouf al-Dawalibi, saudiarabischer Abgeordneter, vor der Konferenz der UN-Menschenrechtskommission zu religiöser Toleranz, 5. Dezember 1984

12. »Unser Volk ist dem täglichen und umfangreichen Einsatz von Giftgas durch die israelischen Streitkräfte ausgesetzt, was zu einem vermehrten Auftreten von

Krebserkrankungen bei Frauen und Kindern geführt hat.«
Suha Arafat, Ehefrau von Jassir Arafat, am 11. November 1999 bei einem Auftritt in Gaza mit der damaligen First Lady Hillary Rodham Clinton

13. »(Israelische Ärzte) benutzen palästinensische Patienten (...) für die experimentelle Medizin und zur Ausbildung neuer Ärzte.«
Riyadh Al-Za'anoon, Gesundheitsminister der palästinensischen Autonomiebehörde, *Al-Ayam*, 25. Juli 1998

14. »Die Geschichte der Juden ist die Geschichte des Terrors. Sie haben die Propheten umgebracht, sie haben die Jünger umgebracht, sie vernichten die Menschen (...) für sich selbst. Sie sind eine Nation, die sich auf die Ausübung von Terror und Mord spezialisiert hat. Wir erleben, wie die Juden Kinder, Greise und Frauen morden. Sie schrecken vor nichts zurück.«
Basher Id Al-Abari, Mufti von Damaskus, bei einem Symposium anlässlich des Papstbesuchs, syrisches Fernsehen, 2. Mai 2001

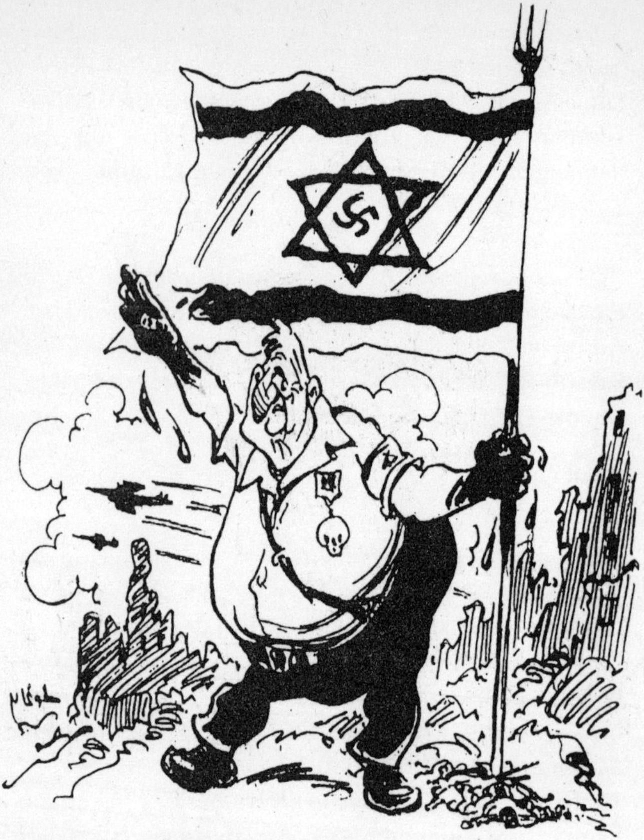

Al Gumhurija, Ägypten, 20. Juli 2001

Israels ehemaliger Ministerpräsident Ehud Barak in Naziuniform

Al-Akhbar, Ägypten, 3. Oktober 2000

Komplex II:
Holocaustleugnung und Revisionismus

1. »... In Zukunft wird der Welt klar, dass es eine Rechtfertigung gibt für das, was den Juden in Deutschland, Polen und Russland widerfahren ist.«
Der populäre ägyptische Publizist Anis Manzur, *Al Ahram*, 13. 3. 2001. *Al Ahram* ist die auflagenstärkste Zeitung Ägyptens.

2. »... Lügen sind über hier und dort ermordete Juden und den Holocaust ans Tageslicht gekommen. Und natürlich sind das alles Lügen und unbegründete Behauptungen. Kein Chelmno, kein Dachau, kein Auschwitz! (Das) waren Desinfektionsstellen (...) Sie begannen, ihre Propaganda zu veröffentlichen, dass sie verfolgt, ermordet und vernichtet worden seien (...) Hier und dort waren Ausschüsse tätig, um diese Einheit (Israel), diese fremde Einheit, zu gründen, die als Krebs in unserem Land wuchert, wo unsere Väter lebten, wo wir leben und wo unsere Kinder nach uns leben werden. Sie haben sich immer als Opfer dargestellt, und sie gründeten ein Zentrum für Heldentum und Holocaust. Wessen Heldentum denn? Wessen Holocaust?«
Dr. Issam Sissalem, Professor für Geschichte an der Islamischen Universität Gaza, in einer Fernsehsendung der palästinensischen Autonomiebehörde, 29. November 2000

3. »Am 27. April fangen die Wahnkarnevale in Israel an, was sie den Holocausttag nennen oder die »Verbrennung von sechs Millionen Juden« in den Öfen der Nazis. Der Holocaust ist nichts weiter als ein Märchen. Viele Historiker in der Welt haben diese erfundene Geschichte schon entlarvt.«
Wagaih Abu Sikri, *Al-Akhbar*, 13. April 2001

4. »Wieder einmal taucht die Frage des Holocaust auf. Sie ist über ein halbes Jahrhundert lang nicht verschwunden, weil die zionistische Propaganda ihn in ein Mittel zur Erlangung politischer und wirtschaftlicher Vorteile umgewandelt hat, abgesehen davon, dass er zum Vorantreiben von Besetzung und Besiedelung genutzt wird (...) In einem vor kurzem veröffentlichten Buch eines amerikanischen Forschers geht es um den Holocaust. Mit wissenschaftlichen und chemischen Nachweisen beweist es, dass die Zahl von sechs Millionen Juden, die im Nazilager Auschwitz eingeäschert worden sein sollen, eine Lüge zu Propagandazwecken ist, da selbst die geräumigsten Baracken im Lager nicht einmal ein Prozent dieser Anzahl hätten beherbergen können.«
Hiri Manzour, *Al-Hayat Al-Jadida*, 13. April 2001.
Al-Hayat Al-Jadida ist die offizielle Tageszeitung der palästinensischen Autonomiebehörde.

5. »Die Juden haben das Märchen erfunden, nämlich die Massaker der Nazis gegen die Juden (...) das zionistische Wesen ist ein Krebsgeschwür, das man herausschneiden muss.«
***Al-Mannar*, libanesisches Fernsehen, 9. April 2000**

Komplex III:
Hass gegen Israel

1. »Ich hasse Israel und werde es immer sagen, wenn du mich fragst,
Auch wenn ich sterbe oder ins Gefängnis gehe (...)
Ich hasse Israel, und ich hasse die Zerstörung (...)
Ich liebe Yasser Arafat und hasse Israel, Shimon Peres und Sharon (...)
Ich hasse Israel und hasse Ehud Barak...«
Textauszug eines populären Liedes von Shaaban Abd El Rahim
Shaaban Abd El Rahim ist ein ägyptischer Volkssänger, dessen Musik sich millionenfach verkauft. In der Zeitung *Al-Akhbar* hieß es am 8. April 2001: »Shaaban spiegelt die Gefühle von Millionen von Ägyptern wider, die die Israelis von ganzem Herzen hassen.« Der Song, aus dessen Text hier zitiert wird, ist besonders bei Hochzeitsfeiern beliebt und wird in Teilen auch im Unterricht verwendet. So wurden zum Beispiel in der Stadt Tanta Schülern im Rahmen einer Prüfung fünf Fragen bezüglich dieses Liedes gestellt.

2. »Jeder gläubige Moslem muss am Jihad teilnehmen, um das geraubte Palästina von den verdammten ketzerischen Juden zu befreien (...) was für Vorteile hätte eine Normalisierung mit den unreinen Juden?«
Iast Ibrahim, Vizepräsident des Irak, auf der Gipfelkonferenz der Islamischen Staaten, 12. November 2000

TV-Serien, AL MUSALSAL – Das Gesicht des Monds

Akhbar Al-Youm, 2. Dezember 2000

3. »Nach einer kurzen Zeit ist das Schwein in Kairo gelandet, Satansgesicht, Mörder. Seine Hände sind mit Blut befleckt, dem Blut von Frauen und Kindern, ein Verbrecher, der es verdient hätte, auf einem öffentlichen Platz gehängt zu werden. Ob ich schweige, wie es viele tun? Werde ich den vielfachen Mörder auf dem Boden meiner Heimat schützen? Plötzlich habe ich alles vergessen, die Gegenwart und die Zukunft, meine Frau und die Kinder, und ich beschloss, es zu tun. Ich zog die Pistole und zielte auf den Kopf des feigen Schweins. Ich leerte das ganze Magazin und rief laut aus: Rache für die Gefangenen, Rache für die Opfer. Der Mörder fiel mir zu Füßen. Ich atmete erleichtert auf und spürte, dass mein

Gewissen rein war. Ich habe die Bedeutung der Männlichkeit und der Aufopferung verstanden. Der Verbrecher ist tot, ich trat mit meinen Füßen auf den Kopf des Schweins und rief aus ganzem Herzen: Hoch lebe Ägypten, hoch lebe Palästina. Niemals wird Jerusalem sterben, niemals wird die Würde der Nation verlorengehen. Ich schrie weiter mit aller Kraft, meine Frau hielt mich fest. Ich wachte vom schönsten Traum auf und beschloss, nicht mehr ruhig dazusitzen.«

Hasnin Korum, *El-Kuds El-Arabi*, 13. Februar 2001.
Der ägyptische Kolumnist Hasnin Korum schreibt hier über einen Traum des Chefredakteurs des Wochenmagazins *Al-Osboa*, Mustafa Bakri. In seinem Traum ist Bakri ein Sicherheitsbeamter, den die ägyptische Regierung beauftragte, Ariel Scharon während dessen Besuch in Ägypten zu schützen. In seinem Traum fuhr Bakri zum Flughafen, um Scharon in Empfang zu nehmen.

4. »Hässlich ist dein Gesicht, das aus Leichenteilen unserer Toten besteht (...) zu verabscheuen bist du, du bist in den Augen Allahs verflucht und ebenso im Neuen Testament und im Koran. Widerlich bist du Schwein. Wie hast du dich in einen Menschen verwandelt? Dein verfluchtes Gesicht ist zu verabscheuen. (...) Niederträch-

Karikatir, September 2001, Ägyptische Karikaturen-Illustrierte

Rechts: Geld, Links: Information, Unten: Nahost
Karikatir, September 2001, Ägyptische Karikaturen-Illustrierte

tig ist die Zeit, in der die Unterdrückung durch den Verräter herrscht (...) Wehe der Schmach. Die ritterliche Arena verwandelte sich in eine Sklavenarena. Der Wüst-

ling, der Ketzer uriniert vor alle unsere Moscheen, begattet unser Jerusalem, und die Nacht verbringt er in unseren Heiligtümern, während er sich betrinkt.«
Farouq Gawida, »Gedicht der Woche« im Kulturteil der amtlichen ägyptischen Zeitung Al-Ahram, 2. September 2001

5. »Ich habe es immer abgelehnt, Beziehungen zu (israelischen) Frauen als normal zu betrachten (...) Sie laden mich immer zu ihren Vereinsveranstaltungen ein, und ich weigere mich kategorisch, weil ich Israel hasse.«
Suha Arafat, Ehefrau von Jassir Arafat, saudi-arabische Frauenzeitschrift, *Sayidaty*, zitiert nach Associated Press, 3. Mai 2001

6. »Wir werden nicht einen Flecken Erde in Palästina aufgeben, von Haifa und Jaffa und Akko und Mulabbas (Petah Tikvah) und Salamah und Majdal (Ashkelon) und vom gesamten Land und Gaza und dem Westjordanland ...«
Dr. Ahmad Abu-Halabiya, Mitglied des »Fatwa-Rates« der palästinensischen Autonomiebehörde, 13. Oktober 2000, dem Tag nach dem Lynchmord an zwei israelischen Reservisten in Ramallah, der live im palästinensischen Fernsehen übertragen wurde. (Haifa, Jaffa, Akko, Petah Tikvah und Ashkelon sind israelische Städte)

7. »Das palästinensische Volk hat die Osloer Abkommen als ersten Schritt akzeptiert und nicht als dauerhafte

Regelung, basierend auf der Voraussetzung, dass der Krieg und Kampf am Boden effizienter ist als ein Kampf aus einem weit entfernten Land (...) für das palästinensische Volk wird die Revolution weitergehen, bis es die Ziele der Revolution von 1965 erreicht hat ...«

Abd El Aziz Shahian, Beschaffungsminister der palästinensischen Autonomiebehörde, *Al-Ayaam*, 30. Mai 2000. Mit der »Revolution von 1965« ist die Gründung der PLO gemeint.

8. »Auch wenn wir uns damit einverstanden erklären, unseren Staat für das auszurufen, was jetzt 22 Prozent von Palästina ausmacht, nämlich das Westjordanland und Gaza, ist unser endgültiges Ziel die Befreiung des gesamten historischen Palästina vom Fluss bis zum Meer (...) Wir unterscheiden zwischen den strategischen, langfristigen Zielen und den kurzfristigen politischen Zielen, die wir aufgrund des internationalen Drucks vorübergehend akzeptieren müssen.«

Faisal al-Husseini, ehemaliger palästinensischer Minister für Jerusalem-Fragen, in der ägyptischen Zeitung *Al-Arabi*, 24. Juni 2001

Komplex IV:
Unterstützung der Selbstmordattentäter

1. »... so Allah will, wird dieser ungerechte Staat Israel ausgelöscht werden, dieser ungerechte Staat, die Vereinigten Staaten, wird ausgelöscht werden, dieser ungerechte Staat Großbritannien wird ausgelöscht werden (...) Gesegnet sei, wer den Dschihad um Allahs Willen führt (...) Gesegnet sei, wer einen Gürtel mit Sprengstoff an seinem Körper oder den Körpern seiner Söhne anbringt und sich damit in die Mitte der Juden stürzt ...«
Sheikh Ibrahim Madhi in einer Predigt wenige Tage nach der Erklärung eines Waffenstillstands durch Jassir Arafat, *palästinensisches Fernsehen,* **8. Juni 2001**

2. »Wir lehren die Kinder, dass Selbstmordattentate dem israelischen Volk Angst machen und dass wir das tun dürfen (...) Wir lehren sie, dass jemand, der zum Selbstmordattentäter wird, die höchste Stufe im Paradies erreicht.«
Palästinensischer Berater des »Paradise Camp« gegenüber der BBC, zitiert nach *Jerusalem Post,* **20. Juli 2001**

3. »Alle Waffen müssen gegen die Juden, die Feinde Allahs, gerichtet werden, die der Koran als Affen und Schweine, Anbeter des Kalbs und Anbeter von Idolen beschreibt. Allah wird den Moslem über den Juden herr-

schen lassen, wir werden sie in Hadera in die Luft sprengen, wir werden sie in Tel Aviv und in Netanya für die Gerechtigkeit Allahs gegen dieses Gesindel in die Luft sprengen (...) Wir werden Jerusalem und Jaffa und Haifa und Ashkelon als Eroberer betreten (...) wir segnen all diejenigen, die ihre Kinder im Geiste des *Dschihad* und des Märtyrertums erziehen. Gesegnet sei, wer einem Juden eine Kugel in den Kopf jagt.«
Im Fernsehen der palästinensischen Autonomiebehörde gesendete Predigt, 3. August 2001

4. »Ich verspreche, dass die Anzahl der Schießereien bei der Besetzung jeden Tag auf 500 bis 1.000 ansteigen wird (...) Die Palästinenser haben trainiert, um die israelischen Panzer anzugreifen und ihre Körper zu sprengen, die mit einem Gürtel voller Sprengstoff beladen sein werden, als Teil der Vorbereitungen auf einen möglichen israelischen Angriff in den palästinensischen Gebieten (...) Die aktuelle Intifada unterscheidet sich von der vorherigen, weil sie bewaffnet ist und die Palästinenser in ihrem Gebiet kämpfen ...«
Muhammad Dhamrah, stellvertretender Befehlshaber der Force 17, *Al-Hayat*, 17. August 2001

5. »Der Westen ist derjenige, der den Islam in einen Feind umwandelte (...), bereits seit den Kriegen der Kreuzritter (...) Es ist undenkbar, dass wir, die Muslime, einen Pakt gegen einen muslimischen Staat schließen (...) Man muss die Furcht (den Terror) über die Feinde Allahs bringen (...) Wenn dies Terroristen sind, so ist das der

beste Terror, den es gibt (...) Ich glaube nicht, dass es ein Moslem zulässt, dass eine muslimische Heimat wie Palästina und Jerusalem in den Händen der Zionisten bleibt (...) Jeder Mensch hat das Recht, sich in eine menschliche Bombe zu verwandeln und in dieser militärischen Gesellschaft (Israel) als Bombe zu explodieren ...«
Scheich Jussuf Al Kardawi, einer der angesehensten Islamgelehrten (Doha, Katar) in einem Interview für die Fernsehanstalt *El Dschazira*, 16. September 2001

Komplex V:
Aus palästinensischen Schulbüchern

1. »Es ist Opferbereitschaft, wenn ein Muslim um Allahs Willen fällt (...) Eine Person, die auf diese Weise stirbt wird Märtyrer genannt (...) Opferbereitschaft für Allah ist eine Hoffnung für diejenigen, die an Allah glauben und seinen Versprechen vertrauen. Der Märtyrer freut sich voll Verzückung auf das Paradies, das Allah für ihn bereitet.«
Islamische Erziehung für die 7. Klasse, S. 112

2. »Der Muslim opfert sich selbst für seinen Glauben und kämpft einen Heiligen Krieg für Allah. Er kennt keine Feigheit, weil er begreift, dass der Zeitpunkt seines Todes bereits bestimmt wurde und dass sein Sterben als ein Märtyrer auf dem Schlachtfeld dem Sterben im Bett vorzuziehen ist.«
Islamische Erziehung für die 8. Klasse, S. 176

3. »... Kämpfer und Märtyrer des Heiligen Krieges sind die ehrenwertesten Menschen nach den Propheten.«
Lesebuch & Literarische Texte für die 10. Klasse, S. 103

4. »Ich werde meine Seele in meine Hand nehmen und schleudere sie (im Krieg) in den Abgrund des Todes (...)

Wissen Sie – ich sehe meinen Tod und marschiere ihm schnell entgegen (...) Wissen Sie – Das ist der Tod von Männern und der (...), der einen ehrenwerten Tod sucht – das ist der Tod schlechthin.«
Lied der Märtyrer, aus:
Unsere Arabische Sprache für die 5. Klasse, S. 60 u. Führer zur Verbesserung der Arabischen Sprache für die 12. Klasse, S. 84

5. »... Die Jugend wird nicht ermüdet sein, sie haben eine Sehnsucht, entweder frei zu sein, oder umzukommen. Wir schöpfen unser Wasser aus dem Tod. Und wir werden nicht Sklaven der Feinde sein. Unser Symbol ist das ›Schwert‹ und die ›Feder‹, nicht aber ›Wörter‹.«
Meine Heimat, aus: Palästinensische Nationalerziehung für die 1. Klasse, S. 67-68

6. »Oh Muslims, Muslims, Muslims! Wo Wahrheit und Gerechtigkeit sind, da sollen wir gefunden werden. Der Tod erfreut uns, und wir verweigern es, erniedrigt zu werden. Wie süß ist der Tod für Allah ...«
Islamische Erziehung für die 6. Klasse, S. 151.

7. »Wir sind die Jugend und die Zukunft ist unser (...) Wir werden marschieren, trotz Tod. Vorwärts, Vorwärts! Wir werden bauen, wir werden uns nicht auf andere verlassen! Wir werden umkommen, aber wir werden nicht erniedrigt werden ...«
Palästinensische Nationalerziehung für die 3. Klasse, S. 70

8. »... sie wurden mit ihnen (mit Steinen) gesteinigt, die wilden Tiere auf dem Weg (...)
Sie sterben stehend, verbrennen in Erregung (...)
Der Tod attackierte sie mit erhobenen Spitzhacken.
Dem Tod gegenüber standen sie aufrecht ...«
Die Märtyrer der Intifada, aus: Lesebuch & Literarische Texte für die 10. Klasse, S. 167

9. »Schreibe fünf Zeilen über die Tugenden der Märtyrer und ihre herausragende Stellung.«
Unsere Arabische Sprache für die 5. Klasse, S. 201

10. »Bestimme in folgenden Sätzen, was das Subjekt und was das Prädikat ist:
Der Heilige Krieg ist eine religiöse Pflicht jedes muslimischen Mannes und jeder muslimischen Frau (...)«
Unsere Arabische Sprache für die 5. Klasse, S. 167

11. »Sohn: Was taten Gottes Boten, um die Sicherheit der Bevölkerung zu garantieren?
Vater: Der Prophet widmete sich fleißig selbst der Gesellschaft von al Medina, sie sicher zu machen – er lebe in Frieden – und er traf deshalb ein Abkommen mit den Juden. Wie es ihre Art ist, wollten sie die Menschen nicht in Frieden leben lassen (...) und verbündeten sich gegen die Muslime. Die Muslime jedoch waren geschickt, und deshalb waren die Juden mit ihren teuflischen Plänen erfolglos. Die Muslime bestraften sie unter der Führung des Propheten mit Tod und Verbannung.«

Bilder des Heiligen Krieges des Propheten und seiner Begleiter, aus: **Islamische Erziehung für die 6. Klasse, S. 44**

12. »Es ist im Talmud erwähnt: ›Wir (die Juden), sind Gottes Menschen auf Erden (...) (Gott) zwang die menschlichen Tiere und alle Rassen und Nationen, dass sie uns dienen. Er zerstreute uns über die Welt, sie zu knechten und ihre Herrschaft zu ergreifen. Wir müssen unsere wunderschönen Töchter mit Königen, Ministern und Lords verheiraten, und unsere Söhne in unterschiedliche Religionen eintreten lassen. Auf diese Weise werden sie betrügen und Streit unter sie bringen, so dass sie einander bekämpfen (...) Nichtjuden sind Schweine – von Gott in Menschengestalt geschaffen, um als geeignete Diener der Juden zu leben. Und Gott schuf die Welt für sie (die Juden).‹«
Moderne Arabische Geschichte für die 12. Klasse, Teil 1, S. 120

13. »Warum hassen die Juden die Einheit der Muslime und wollen die Teilung unter ihnen? Gib ein Beispiel für die teuflischen Versuche der Juden anhand der Ereignisse des heutigen Tages!«
Islamische Erziehung für die 7. Klasse, S. 19

14. »Die Juden (...) haben muslimische und christliche Bewohner Palästinas ermordet und ausgewiesen, dessen Einwohner immer noch still unter der Tyrannei

der rassistischen jüdischen Administration leiden.«
Islamische Erziehung für die 9. Klasse, S. 182

15. »Wo ist der Dieb, der unsere Heimat zerrissen hat?«
Unsere Arabische Sprache für die 6. Klasse, Teil 1, S. 15

16. »Man muss sich vor den Juden hüten, weil sie verräterisch und illoyal sind.«
Islamische Erziehung für die 9. Klasse, S. 79

17. »In vielen Fällen haben sich diese Juden gemäß ihrer bekannten Verschlagenheit und Verlogenheit verhalten. Und sie zettelten Kriege (zwischen den arabischen Stämmen) an.«
Islamische Erziehung für die 9. Klasse, S. 78

18. »Lektionen, die gelernt sein sollten: Man muss sich vor Bürgerkriegen und Intrigen hüten, die Juden gegen Muslime versuchen zu entfachen.«
Islamische Erziehung für die 9. Klasse, S. 94

19. »Wisse, mein Sohn, dass Palästina dein Land ist (...) dessen gesamte Erde mit dem Blut der Märtyrer getränkt ist. Warum müssen wir sie (die Juden) bekämpfen und aus unserem Land vertreiben?«

Unsere Arabische Sprache für die 5. Klasse, Teil 1,
S. 64-66

20. »... es wird ein Heiliger Krieg sein, und unser Land wird befreit sein. Das ist unsere Geschichte mit den räuberischen Siegern. Du musst wissen, mein Sohn, dass Palästina deine todernste Verantwortung ist.«
Unsere Arabische Sprache für die 5. Klasse, Teil 1,
S. 69

21. »Meine Brüder! Die Unterdrücker (die Israelis) haben die Grenzen überschritten. Deshalb sind Heiliger Krieg und Opferbereitschaft eine Pflicht! (...) Sollen wir ihnen erlauben, dass sie die arabische Natur stehlen? (...) Zücke Dein Schwert! Lass uns dafür mit rotem Blut und entfachtem Feuer sammeln. (...) Der Tod wird das Schwert rufen und wahnsinnig von so vielen Schlachten werden. Oh, Palästina, deine Jugend wird dein Land erlösen.«
Lesebuch & Literarische Texte für die 10. Klasse,
S. 120-122

22. »... Wer sind die ›Tyrannen‹, von denen der Poet im ersten Vers spricht? (...) Was ist die Straße des Sieges über den Feind, die der Poet erwähnt? (...) Der Poet drängt die Araber zum Heiligen Krieg. Zeige den Vers, in dem er das tut!«
Lesebuch & Literarische Texte für die 8. Klasse,
S. 120-122

23. »... in der linken Hand trugst du den Koran, und in deiner rechten Hand ein arabisches Schwert (...) Nicht ein Zentimeter wird ohne Blut befreit werden. Deshalb, gehe vorwärts und rufe: Allah ist groß.«
Bajonett und Fackeln, aus: Lesebuch & Literarische Texte für die 10. Klasse, S. 131-135

24. »Subjekt für die Komposition: Wie werden wir unser gestohlenes Land befreien? Benutze die folgenden Ideen: Arabische Einheit, wahrhaftiger Glaube an Allah, modernste Waffen und Munition, Nutzung von Öl und anderer edler Naturrohstoffe als Waffen im Kampf für die Befreiung.«
Unsere Arabische Sprache für die 7. Klasse, Teil 1, S. 15

25. »Wisse, mein Sohn, dass Palästina dein Land ist (...) dass die gesamte Erde mit dem Blut von Märtyrern getränkt ist (...) Genau wie die heilige Erde (in der Vergangenheit) an ihre Besitzer zurückgegeben wurde, so wird sie noch einmal durch deinen Mut und deine Entschlossenheit zurückkommen.«
Unsere Arabische Sprache für die 5. Klasse, Teil 1, S. 65-66

26. »Erinnere: Das letzte und unvermeidliche Ergebnis wird der Sieg der Muslime über die Juden sein.«
Unsere Arabische Sprache für die 7. Klasse, S. 67

27. »Diese Religion wird alle anderen Religionen vernichten, und sie wird durch den Willen Allahs verbreitet, durch die muslimischen Kämpfer des Heiligen Krieges.«
Islamische Erziehung für die 7. Klasse, S. 125

28. »Ich lerne von dieser Lektion: Ich glaube, dass die Juden die Feinde des Propheten und der Gläubigen sind.«
Islamische Erziehung für die 4. Klasse, Teil 2, S. 67

Szenen

Im Folgenden werden einige Szenen
aus dem Unterhaltungsprogramm
»Irhabiat« dokumentiert
(*TV Abu Dhabi*, 16./17. November 2001)

Szene 1: Ein Mann mit ultraorthodoxem Aussehen bittet Premierminister Scharon um eine Gehaltserhöhung. Scharon wirft ihm vor, mehr Geld zu verlangen, während sich das Land im Krieg befindet und verlangt von ihm, seinen Kopf mehr anzustrengen. Er erklärt dem Ultraorthodoxen sein neuestes Projekt, das ihn Tag und Nacht beschäftigt: Eine Flasche mit einem aus arabischem Blut zubereiteten Getränk. Scharon erklärt, dass er einige Konservierungsstoffe und Schlankheitsmittel hinzugefügt habe – wegen seiner Diät.

Szene 2: Scharon sucht zusammen mit seinen Beratern nach einer passenden Bezeichnung für das Getränk. Die Berater schlagen verschiedene Namen vor. Am Ende verkündet Scharon: »Mein Vorschlag ist der allerbeste: Das Getränk soll ›Dra-Cola‹ heißen.« Alle sind begeistert.

Szene 3: Der Werbespot für das Getränk wird als Zeichentrickszene gezeigt. In dieser wird Scharon als teufelsähnliche Figur mit Hörnern und Schwanz dargestellt, die aus einer Dose mit der Aufschrift »Dra-Cola« Blut trinkt, während ein Lied mit den Worten »Dra-Cola mein Lieber, ein Getränk, das ›in‹ ist; trink keine Milch, bring nichts mit, wenn du in Tel-Aviv bist« ertönt. Am Ende sagt der Sprecher: »Originalgetränk aus arabischem Blut. Hauptvertreiber: Ariel Scharon und Partner.«

Szene 4: Scharon befiehlt einem Exekutionskommando, einige gefesselte Gefangene hinzurichten, weil dies für die Produktion des neuen Getränks notwendig sei. Er drängt, die Hinrichtung zu beschleunigen.

Szene 5: Scharon erinnert sich an gute alte Zeiten, als er seinen zwanzigsten Geburtstag feierte und Menachem Scharon (gemeint ist Premierminister Menachem Begin) ihn fragte, was er sich als Geschenk wünsche: »Zu meinem zwanzigsten Geburtstag möchte ich 20 arabische Kinder«, antwortet Scharon. Man sieht, wie er Leichen arabischer Kinder in ein Feuer wirft. Dazu erscheint folgender Text in arabischer Sprache: »Basiert auf einem authentischen Ereignis aus dem Jahre 1944.«

Szene 6: Der »echte« Dracula ruft Scharon an und ist erbost, dass man seinen Namen ohne sein Einverständnis für die Vermarktung eines Produkts benutzt. Er befiehlt Scharon, bei Anbruch der Dunkelheit zu ihm zu kommen. Scharon versucht, Dracula zu beruhigen, indem er ihm versichert, dass er keine bösen Absichten habe. Er betont das Gemeinsame zwischen ihnen, nämlich, dass beide Blutsauger seien. Scharon beschließt voller Angst, zu dem Treffen mit Dracula zu gehen. Beim Abschied wollen er und sein ultraorthodoxer Assistent sich umarmen, was ihnen jedoch wegen des Bauchumfangs von Scharon nicht gelingt. Der Ultraorthodoxe bleibt zurück und verflucht seinen Chef.

Szene 7: Ein verängstigter Scharon meldet sich bei Dracula. Er versucht, sich bei ihm einzuschmeicheln, um ihm sein Produkt anzudrehen – eine Flasche mit arabischem Blut – doch ist Dracula nicht zufrieden. Er sagt, er trinke kein ihm unbekanntes und kaltes Blut. Am Ende bohrt er seine Zähne in Scharons Nacken, obwohl dieser ihn anfleht, das zu unterlassen.

Szene 8: Die Sendung wird durch einen kurzen Nachrichtenspot unterbrochen. Der Sprecher teilt mit, dass »der internationale Blutsauger Dracula tot aufgefunden« worden sei. Er sei an einer Vergiftung gestorben, nachdem er schmutziges, kaltes und infiziertes Blut getrunken habe. Der Terrorist Scharon habe die Verantwortung für die Tat übernommen.

Der Originaldrink aus arabischem Blut.
Größter Händler: Ariel Sharon & Partner

Schlussbemerkung

Die in diesem Buch gesammelten Zitate lassen leider kaum Raum für Hoffnung und Optimismus. Wem die Jugend gehört, dem gehört die Zukunft. Doch welche Zukunftsaussichten hat diese Jugend? Auf den Landkarten und in den Atlanten, mit denen palästinensische Schüler arbeiten, findet sich kein Staat Israel. Die Sprache der Schulbücher wie die der Zeitungen ist voll Hass, und Hass erzeugt Gewalt. Es ist ein langer und beschwerlicher Weg, Hass und Gewalt in den Herzen und Köpfen palästinensischer und arabischer Jugendlicher durch Toleranz und Dialogbereitschaft zu ersetzen. Die Wurzeln des Problems liegen tief. Der Nährboden für die kriegerische und zukunftsfeindliche Ideologie in arabischen Schulen, Universitäten und Medien ist ein jahrhundertealter Antisemitismus.

Abschließend möchte ich aus vier relevanten Veröffentlichungen zitieren, die diesen Aspekt aus wissenschaftlicher und historischer Perspektive analysieren.

Den Autoren danke ich hiermit für ihre freundliche Erlaubnis.

Antisemitismus heute

Antisemitismus heute
von E. Zeev Sufot, Botschafter a. D.
(aus: http://www.mfa.gov.il/mfa/
go.asp?MFAH0kdm0)

Eine Definition

Der Ausdruck Antisemitismus bezeichnet alle geschichtlichen und gegenwärtigen Formen von Feindschaft und Gewalt gegenüber Juden. Er klassifiziert Verhaltensweisen, die sich gegen (...) Juden bzw. Judentum als Religion und sogenannte »Rasse« entwickelten. Eine zeitgenössische Definition, angepasst an neuere Entwicklungen und Umstände, ist in Websters drittem Internationalem Wörterbuch zu finden: Antisemitismus wird darin definiert als »die Feindschaft gegen Juden als religiöser oder ›rassischer‹ Minderheit, häufig in Zusammenhang mit sozialer, ökonomischer und politischer Diskriminierung.« (...)

Das Wesentliche

Feindschaft gegen die Juden ist ein uraltes Phänomen, entstanden aus dem grundsätzlichen Unterschied zwischen einem monotheistischen Minderheitsglauben und seiner Umgebung und den Spannungen zwischen Judentum, frühem Christentum und Islam. Der Hass auf die Juden wurde durch die alten Kirchenväter verstärkt und hinterlässt einen unauslöschlichen Flecken in der europäischen Kultur- und Geistesgeschichte, während der frühe Islam eine gleichzeitige Feindschaft gegen die zwei »beschützten Völker« und ihren Glauben zeigte und die Minderwertigkeit der beiden (»dhimmis«) als formalen Status hervorbrachte. Antijüdische Ausbrüche, Verfolgungen und Pogrome waren ein normales Charakteristikum europäischer Gesellschaften und in muslimischen Ländern bei weitem nicht unbekannt (z. B. schon 628 u. Z. das Massaker von Khaibar)

Der moderne Antisemitismus zapft diese historischen und religiösen Hauptquellen an und fügt seine eigenen zeitgenössischen und rassistischen Dimensionen und Ideologien hinzu. Sein berüchtigster literarischer Ausdruck sind die »Protokolle der Weisen von Zion«, deren Entstehung auf ein Mitglied der russischen Geheimpolizei am Ende des 19. Jahrhunderts zurückgeht und die in der Folgezeit zu einer Art ›Evangelium‹ antisemitischer Bewegungen weltweit wurden. Die größte Verbreitung findet er heute im Nahen Osten, besonders in Ägypten und Syrien. (...) Die tatsächliche Existenz jüdischer Nachbarn ist für diese Propaganda nicht erforderlich und ist auch in Ländern, die keine jüdische Minderheit haben, anzutreffen.
(...)
In vielen Teilen der heutigen Welt ist Antisemitismus wesentlicher Bestandteil eines ausländerfeindlichen Rassismus. (...) Gegen erheblichen Widerstand insbesondere von Seiten Syriens wurde Antisemitismus 1994 von

der UN-Menschenrechtskommission in einer Resolution förmlich verurteilt.

Die Leugnung des Holocaust

(...) In der Bewegung der Holocaustleugner treffen sich heute Rassisten sowie rechtsradikale und fremdenfeindliche Kreise mit unterschiedlichen nahöstlichen Gruppierungen, Medien und sogar Regierungen. Ihr Ziel ist es, den Holocaust als eine Lüge darzustellen, die sich allein der »perverse jüdische Geist« habe ausdenken können. Dabei verschieben sie Schuld und Schande vom Täter zum Opfer. In heutigen Medien und der Propaganda des Nahen Ostens werden die Juden als Nazis bezeichnet und der Zionismus mit Nazismus gleichgesetzt.

Die Leugnung des Holocaust ist ein häufiges Thema in den arabischen Medien. So schreibt etwa die palästinensische *Times* über »Gottes verlogenes Volk«, das aus »Anbetern des Holocaust« bestehe (Nr. 114, Dezember 2000). Palästinensische Fernsehkanäle ergänzen: »(Es gibt) ... kein Chelmno, kein Dachau, kein Auschwitz, sondern nur Desinfektionslager (und) die Lüge der Vernichtung.« Zum Holocaust befragt, erklärte der Mufti von Jerusalem, Scheich Sabri Ikrama: »Es ist nicht meine Schuld, dass Hitler die Juden hasste. Auf jeden Fall werden sie fast überall gehasst« (zitiert nach Associated Press vom 25.3.2000). Das sind zufällig ausgewählte Beispiele von antisemitischen Äußerungen, die in den Medien des Nahen Ostens im Überfluss vorhanden sind. Andere muslimische Kleriker fordern die Gläubigen in den

Moscheen in einer ähnlichen Sprache auf, »keine Gnade mit den Juden – ganz gleich, in welchem Land sie sind« – zu haben. »Wo auch immer ihr sie trefft, ermordet sie« (Ahmad Abu Halabiya, Freitagspredigt in Gaza, Moschee-Rundfunk live im palästinensischen Fernsehkanal). (...)

Eine Bedrohung des Friedens

Nach Meinung der ägyptischen Regierungszeitung *Al Akbahar* sollte den Israelis »nicht vertraut werden, weil sie eine Nation von hasserfüllten Vagabunden gegen die gesamte Welt« seien. Die Tatsache, dass solche rassistischen Diffamierungen ungestraft in der offiziellen Zeitung einer Regierung erscheinen können, die sich mit Israel im Frieden befindet, illustriert, wie tief verwurzelt die Intoleranz in der Region ist. Dieser wütende Rassismus ist ein Phänomen, das sich aus der Region in die internationale Gemeinschaft verbreitet.

Der neue Antisemitismus

> Der neue Antisemitismus
> von Rabbiner Michael Melchior,
> stellvertretender israelischer Minister
> für Auswärtige Angelegenheiten
> (aus: http://www.mfa.gov.il/mfa/go.asp?
> MFAH0kdn0)

In der Art der politischen Konflikte zwischen Israel und seinen arabischen Nachbarn ist ein radikaler Wandel eingetreten. Der Streit über das Land und historische Gerechtigkeit ist inzwischen von vielen auf der arabischen Seite in einen existenziellen Kampf um Identität verwandelt worden, dessen zentraler Bestandteil die absolute Ablehnung der Legitimität der jüdischen Existenz ist.

Seit Beginn der sogenannten »Al-Aksah-Initifada« (...) ist ein neuer Antisemitismus in einer Heftigkeit hervorgetreten, wie er seit der Zeit des Nationalsozialismus nicht mehr zu beobachten war. Als der Mufti von Jerusalem kürzlich in der Al-Aksah-Moschee behauptetete, dass die Verneinung der jüdischen Existenz ein existenzielles Erfordernis des Islam sei, sagte er damit im Klartext: Entweder wir oder sie. In einem Artikel von Dr. Mustafa Mahmud, veröffentlicht am 23. Juni 2001 in der offiziellen ägyptischen Zeitung *Al-Ahram,* fragte der Autor rhetorisch: »Was genau wollen die Juden?« Er antwortete in erschreckender Art und Weise: »Die Juden haben einen grenzenlosen Hass auf die Nichtjuden, sie ermorden Frauen und Kinder und bringen Verderben hervor.« Diese Feindschaft gegenüber Juden generell wird durch die Leugnung jeglicher jüdischer Verbindung zum Heiligen Land verstärkt: »Israel wird heute von Menschen besiedelt, die nicht in direkter Linie von den Kindern Israels abstammen, eigentlich aber eine Mischung von Sklaven, Ariern und Überresten der Kasachen sind. Und sie sind keine Semiten. Mit anderen Worten, es sind Menschen ohne eine eigene Identität, deren einzige Zielsetzung es ist, durch Diebstahl und Erpressungen, mit Unterstützung der westlichen Länder, die Kontrolle über die Besitztümer und das Land zu haben.«

Diese Beispiele illustrieren das Wachstum eines neuen, radikalen arabischen Nationalismus, der sich aus islamischem Fundamentalismus speist. Er nutzt dabei die neuen technischen Möglichkeiten, um dem Konflikt von Marrakesch bis Bangladesh eine völlig neue Intensität und Wirkung zu geben. Heute ist es selten, dass man einen arabischen Politiker findet, der es wagt, sich der radikal ablehnenden öffentlichen Meinung entgegenzustellen, die täglich den Hass gegen Israel schürt. Viele bevorzugen es stattdessen, mit den Wölfen zu heulen. Damit ziehen sie die gesamte Region in ein neues Zeitalter von Grauen und Zerstörung. Die verheerende Wirkung (...) ist offensichtlich: Die ehrlichen Friedensstifter auf beiden Seiten sind an den Rand gedrängt worden. Ein Konflikt über ein Territorium kann nur durch eine Teilung des umstrittenen Landes gelöst werden. Eine Auseinandersetzung über Glaubensgrundsätze lässt wenig Raum für Kompromisse. (...)

Antisemitische Vorstellungen

> Antisemitische Vorstellungen in den
> ägyptischen Medien (von der Webseite
> der Anti-Defamation League, 2001
> http://www.adl.org/egyptian_media/
> antisem_feb_may_2001.asp)

Der Antisemitismus floriert fortgesetzt in den ägyptischen Medien. Herabwürdigende Vorstellungen und verunglimpfende Beschuldigungen gegen Juden haben sich in den ägyptischen Medien durch gute und schlechte Zeiten dauerhaft gehalten – in Perioden der Spannung und Entspannung, in den mehr als 20 Jahren seit der Friedensdeklaration zwischen Israel und Ägypten 1979.

Antisemitische Stereotypen finden sich nach wie vor in Karikaturen, in denen Juden oft als schmutzige, hakennasige, geldgierige Weltherrscher dargestellt werden. Vergleiche zwischen Israel und Nazi-Deutschland, die Leugnung des Holocaust und traditionelle Verleumdungen sind ebenso verbreitet. Es ist ironisch: Während die ägyptischen Medien häufig der Leugnung des Holocaust verpflichtet sind, benötigen sie gleichzeitig die Verwendung von Nazisymbolen, um das »Übel« der israelischen Regierung zu demonstrieren. (...)

Der Antisemitismus dient häufig als ein politisches Hilfsmittel, um vorsätzlich die Normalisierung mit

Israel zu untergraben. In den Karikaturen ist kaum ein Unterschied zwischen Antisemitismus und Antizionismus auszumachen. In der Wirklichkeit wird Israel als die vorderste Front einer internationalen jüdischen Verschwörung dargestellt. Die Folge ist, dass die Präsenz von Juden als eine nationale Einheit im Nahen Osten entmenschlicht und folglich delegitimiert wird.

Natürlich ist Ägypten nicht das einzige arabische Land, in dem Antisemitismus in der Presse zu finden ist. Ähnliche Vorstellungen tauchen überall in der arabischen Welt auf (...) Wegen der Rolle Ägyptens als politischer und kultureller Schlichter im arabischen Raum ist Ägyptens antisemitische Propaganda jedoch störender und gefährlicher (...) Als der intellektuelle Mittelpunkt der arabischen Welt exportiert Ägypten Tageszeitungen, Magazine und Bücher in den gesamten Nahen Osten. Die Meinungen und Vorstellungen, die in diesen Publikationen wiedergegeben werden, haben einen großen Einfluss. Sie formen die öffentliche Meinung der ganzen Region. Das Ergebnis (...) ist, dass eine ganze Generation seit dem Friedensvertrag von 1979 heranwuchs, die den gleichen negativen Vorstellungen von Juden und Israelis ausgesetzt wurde wie die Generation ihrer Eltern. Juden werden als Dämonen und Mörder dargestellt, von denen die Völker das Schlimmste zu befürchten hätten. (...)
Von den vielen Formen antisemitischer Erscheinungen in den ägyptischen Medien sind jene am schlimmsten und gefährlichsten, die karikierende Darstellungen von Juden mit den klassischen antijüdischen Stereotypen verwenden. Derartige Karikaturen zeigen Juden als verrucht, gefährlich und gerissen (...) Die Absicht dabei ist nicht

allein, die Juden herabzuwürdigen, sondern auch, Israels Absicht, in Frieden mit seinen Nachbarn zu leben, jede Glaubwürdigkeit zu nehmen. Die Botschaft vieler Karikaturen ist, dass Israel gegen den Frieden sei und dass Israelis Spaß daran hätten, Araber zu ermorden.

Arabischer Antisemitismus

> Arabischer Antisemitismus und
> der arabisch-israelische Konflikt
> von Abraham H. Foxman,
> Direktor der Anti-Defamation League
> (aus: Jerusalem Post, 30.7.2001)

(...) Die Vereinigten Staaten und die Europäische Union dürfen es nicht zulassen, dass Arafat, Mubarak oder andere Führer in der arabischen Welt denken, dass sie Antisemitismus ungestraft in ihren Gesellschaften tolerieren oder unterstützen können. Es ist schwer genug, die politischen und nationalistischen Probleme zu überwinden, die dem palästinensisch-israelischen Frieden im Weg stehen. Die sich ausbreitenden antisemitischen Verbrechen – Blutverleumdungsgeschichten, Verschwörungstheorien, das Vergleichen von Israel und Hitler – wollen nur die Völker auf beiden Seiten verbittern und machen den guten Glauben an Friedensverhandlungen zu einem noch entfernteren Traum.

Außerdem: ob die Woge antisemitischer Rhetorik tief verwurzelt ist oder nicht – klar ist, dass die Art des Sperrfeuers, wenn es über lange Zeit fortgesetzt wird, viele Seelen in der arabischen Welt vergiftet, so dass der Antisemitismus in der Tat eine Erscheinung wie nie zuvor zu werden droht. Diese Entwicklung würde nicht allein im Nahen Osten sondern rund um die Welt zu einer größeren Gewalt gegen Juden führen. Es ist zu schrecklich, diese Entwicklung in Erwägung zu ziehen.

Vor einigen Monaten sagte ich, dass wir standhaft sein müssten, die arabischen und andere Arten des Antisemitismus anzuklagen. Heute gehe ich einen Schritt weiter: Wenn es dem arabischem Antisemitismus erlaubt wird, erfolgreich zu sein, könnte er eine der zerstörerischsten Kräfte werden, entfesselt in diesem neuen Jahrhundert. Die Geschichte hat uns gezeigt, wohin Antisemitismus führen kann.

hänssler

Winfried Amelung
Geliebtes Volk & Land
Geschichte Israels – ein Wunder Gottes
Tb., 176 S., s/w-Abb.,
Nr. 393.617, ISBN 3-7751-3617-7

Trotz aller Widerstände steht Israel immer noch unter Gottes Hand! Auf der Grundlage von Hesekiel 36 betrachtet Winfried Amelung die Staatsgründung Israels und geht auf die Entwicklung des Zionismus ein. Die Geschichte der Judenverfolgung und des Antisemitismus im christlichen Abendland zeigen, dass jeglicher feindlicher Versuch, Israel zu vernichten, fehlgeschlagen ist. Auch die Versuche der arabischen Nachbarstaaten, Israel in mehreren Kriegen auszurotten, blieben erfolglos – ein Wunder Gottes! (HV)

Bitte fragen Sie in Ihrer Buchhandlung nach diesem Buch!
Oder schreiben Sie an den Hänssler Verlag, D-71087 Holzgerlingen.

hänssler

Johannes Gerloff

Jerusalem, die Stadt des großen Königs

Theologisches und Politisches aus dem Tagebuch eines Korrespondenten
Tb., 64 S.,
Nr. 393.725, ISBN 3-7751-3725-4

Die Auseinandersetzung zwischen Palästinensern und Israelis prägt die Schlagzeilen weltweit. Aufgebrachte Menschenmassen und schießende Soldaten flimmern täglich über unsere Bildschirme.

Spannend beschreibt Johannes Gerloff den Streit um Jerusalem und nimmt Sie mit hinein in das brisanteste Thema aktueller Nahostpolitik!

In chronologischer Reihenfolge sind Artikel, die zwischen Februar 1999 und Oktober 2000 entstanden sind, zusammengefasst und machen die Entwicklung der Auseinandersetzung deutlich.

Bitte fragen Sie in Ihrer Buchhandlung nach diesem Buch!
Oder schreiben Sie an den Hänssler Verlag, D-71087 Holzgerlingen.